Hamburger Gängeviertel
Historische Ansichten

SEVERUS

Hamburg: Hamburger Gängeviertel. Historische Ansichten
Hamburg, SEVERUS Verlag 2014

ISBN: 978-3-86347-920-6
Druck: SEVERUS Verlag, Hamburg, 2014
Die Abbildungen sind entnommen aus dem Werk: Hamburg: Gängeviertel der Neuzeit. Herausgegeben von der Landesbildstelle Hansa Hamburg. Hamburg 1934.

Der SEVERUS Verlag ist ein Imprint der Diplomica Verlag GmbH.

Bibliografische Information der Deutschen Nationalbibliothek:
Die Deutsche Nationalbibliothek verzeichnet diese Publikation in der Deutschen Nationalbibliografie; detaillierte bibliografische Daten sind im Internet über http://dnb.d-nb.de abrufbar.

SEVERUS

Vorwort

Das Hamburger Gängeviertel: Heute Ausgangspunkt der modernen Künstler- und Kreativenbewegung der Hansestadt, stecken die eng bebauten Wohnquartiere in Hamburgs Alt- und Neustadt noch voller Geschichte.

Im Schutz der alten Wälle der Hansestadt befanden sich einst ausgedehnte Kohlhöfe, Gärten und Landhäuser wohlhabender Bürger. Als sich der Mauergürtel zurzeit des Dreißigjährigen Krieges weitete, erwuchsen im Schutz des sicheren Walles die Gängeviertel. Anders als die meisten deutschen Städte erlebte Hamburg zu dieser Zeit weder Verheerungen noch wirtschaftliche Niedergänge größeren Ausmaßes, und so konnte sich dieser, noch bis ins 19. Jahrhundert, mittelalterlich kleinteilig strukturierte Teil der Neustadt weiter ausdehnen. In den eng bebauten Wohnquartieren lebten zumeist ärmere Bevölkerungsschichten und insbesondere die immer weiter wachsende Arbeiterschaft.

Schlechte hygienische Zustände gipfelten in der Choleraepidemie von 1892. Zudem machten sich bald mangelnde Investitionen in die Bausubstanz bemerkbar, die sich in dem schnellen Verfall der Fachwerkhäuser äußerten. Bereits zum Ende des 19. Jahrhunderts begann man damit, einzelne Gebäude abzureißen. Die gezielte Sanierung durch Abriss wurde seit 1934 geplant und zum Objekt der nationalsozialistischen Propaganda.

Die hier gesammelten Aufnahmen wurden im selben Jahr vom Staatlichen Lichtbildamt angefertigt und dem Zweck verpflichtet, der Geburtsstätte des „Deutschen Arbeiters" zu gedenken. Die zahlreichen ehemaligen Bewohner sollten damit über den Verlust ihrer alten Heimat hinweggetröstet werden. Die ohnehin fällige Sanierung des Wohngebiets wurde als Befreiung aus der Enge und als Gegenleistung für die „Leistungen des deutschen Arbeiters" dargestellt.

Nachdem das letzte größere Gängeviertel zugunsten des Baus der U-Bahnlinie und der Errichtung mehrerer großer Verwaltungsgebäude Ende der 1960er Jahre zerstört wurde, sind heute nur noch wenige vereinzelte Bauten erhalten. Seit September 2013 wird das Gängeviertel aufwändig saniert als Reaktion auf das Verlangen vieler Hamburger Bürger und vor allem der Hamburger Initiative „Komm in die Gänge" (gegr. 2009).

Tim Feind
SEVERUS Verlag

Willi Beutler. Hof Schulgang Nr. 8

Willi Beutler. „Kornträgergang“.

Carl Schreiber. „Kornträgergang“ Gang im Schatten.

Willi Beuter. Blick auf das Schulgangviertel.

Willi Beuter. Schulgang Hof 8. Dunst und Rauch fängt sich.

Willi Beutler. „Blick auf Schul-, Ebräergang und Rugelsort".

Dr. Zaun. Ecke Schul- und Ebräergang.

Dr. Zaun. Altes Walmhaus Ecke Erbräergang und Rugelsort.

Willi Beutler. Langergang Nr. 32 Hof.

H. Lindenhoven. Hof im Rademachergang. Links die beiden Budentüren mit der Sahltür in der Mitte.

H. Lindenhoven. Kornträgergang, 1,20 m breit, sehr baufällig, daher gestützt.

Arthur Collaz. „Großer Crampgang“

Hildegard Müller. Ausblick im Kornträgergang.

Arthur Collaz. Hof im Schulgang Nr. 8 von Mietskasernen beschattet.

Otto Schmidt. Blick über die Dächer. Kornträgergang.

H. Lindenhoven. Langergang. Malerischer Winkel.

Arthur Collaz. Hof im Breiter Gang.

Willi Beutler. Langergang 32, Hof.

Ulbin Müller. Mietskaserne im Kornträgergang.

Franz Raulfuß. Kornträgergang.

Wilhelm Seeger. Rademachergang.

Georg Claus. Langer Gang, Ecke Kornträgergang. *Straßenverkehr nach Feierabend.*

Willi Beuter. Langer Gang.

Wilhelm Seeger. Großer Crampgang. Sonne, die sich ins Gängeviertel stiehlt.

Ulbin Müller. Schulgang.

Hans Petersen. Rückseite des Hauses Kornträgergang 6-9.

Dr. Zaun. Langergang. Rotwohnung.

Gertrud Plath. Giebelwand.

H. Lindenhoven. Giebelwand Kornträgergang Nr. 54. Das ursprüngliche Budenhaus ist zu erkennen und zwei spätere Aufstockungen.

Dr. Zaun. Ecke Kornträgergang und Rademachergang. Einsparung der Ecke.
Schutz des Hauses durch Prellsteine.

Dr. Zaun. Langer Gang. Hof 32. Verdeckter äußerer Sahlaufgang.
Dahinter die Uborte.

Dr. Zaun. Rademachergang. Teil des Wattenhofes. Wasserhahn im Freien.

Dr. Zaun. Blick aus dem Ebräergang.

Willi Beutler. Alte Tür im Langer Gang.

Dr. Zaun. Barocktür im Rademachergang. Ehemalige Wohnung des Bürgerkapitäns.

Hugo Umberg. Rademachergang 47.

Otto Schmidt. Alte Treppe im Hause Kornträgergang Nr. 12.

Willi Beutler. Treppe im Langergang 32.

Carl Schreiber. *Zimmer Langergang.*

Dr. Zaun. Sahlwohnung Langergang 32. Vorraum als Küche benutzt.

H. Lindenhoven. Breitergang. Eingebauter neuer Küchenherd in der altdeutschen Herdnische.

Dr. Zaun. Sahlwohnung Langergang 32. Schlafzimmer der Eltern.

Dr. Zaun. Idylle im Sonnenschein. Schulgang Hof Nr. 8

Dr. Zaun. Langer Gang Hof 32.

H. Lindenhoven. Breitergang. Hof. Budenwohnungen in ihrer ursprünglichen Form.

Henry Danker. Spielende Kinder im Wohnhof. Rademachergang.

Arthur Cuplow. Hof Breitergang Nr. 11. Ruhestunde.

C. Sartorilio. Hof Kornträgergang Nr. 11.